MÉMOIRE

DES COLONS

DE SAINT-DOMINGUE,

PRÉSENTÉ

AU ROI ET AUX CHAMBRES.

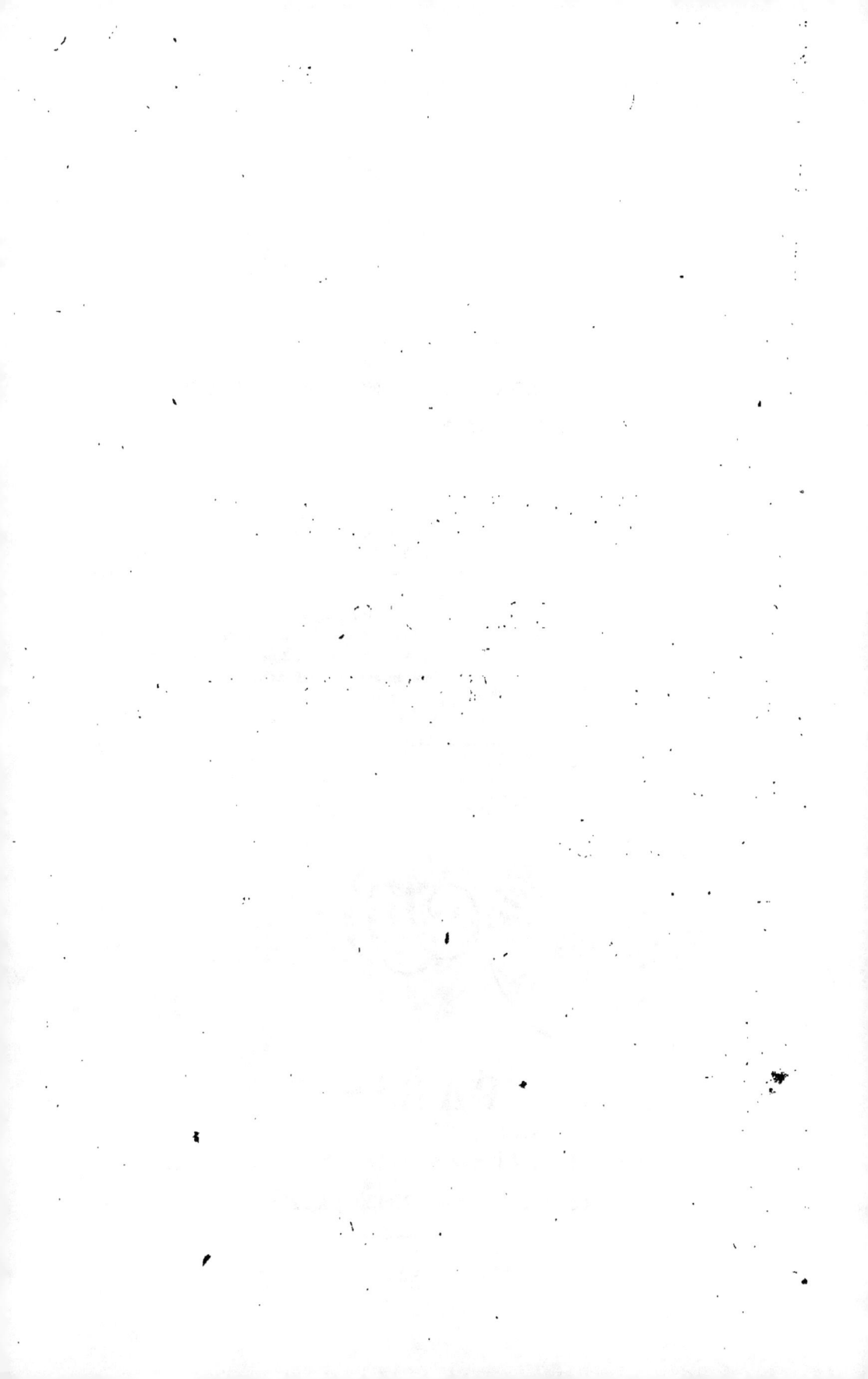

DROITS DE SOUVERAINETÉ
DE LA FRANCE
SUR St.-DOMINGUE,

CONTRAT QUI L'ÉTABLIT,

VIOLATION DE CE CONTRAT, PRINCIPES DE COMPENSATION INVOQUÉS PAR LES COLONS.

« La fidélité dans les engagemens et le respect pour la propriété, constituent essentiellement la puissance et la richesse des États. Gardez-vous de détruire la confiance des administrés : vous briseriez le levier puissant qui fait la force des Gouvernemens. Il ne doit pas être question de disposer par autorité de ce dont les particuliers sont en possession de bonne foi ; le plus grand gain que puissent faire les Rois et les États, est de garder la foi publique, qui contient en soi un fond inépuisable, puisqu'elle en fait toujours trouver. »

RICHELIEU *au Conseil d'État*, en 1626.

PARIS,

IMPRIMERIE DE DONDEY-DUPRÉ,

Rue Saint-Louis, N°. 46, au Marais.

1821.

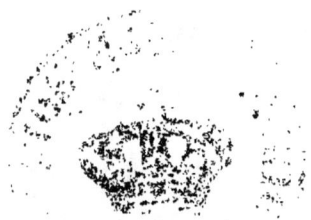

AVANT-PROPOS.

La tourmente politique, qui, en 1793, détruisit tous les élémens de notre puissance maritime et de notre prospérité commerciale, fit naître une mulititude de systèmes erronnés sur l'existence des colonies. Les uns invoquèrent les principes d'une liberté indéfinie pour les Noirs, sans calculer les dangers d'une innovation, qui devait forcément donner l'essor à tous les crimes et à tous les désastres : les autres voulurent une liberté limitée, appropriée à l'état moral des cultivateurs et aux localités. Ceux-ci considérèrent la servitude comme le principe essentiel des colonies : ceux-là, au contraire, entraînés par leur exaltation philanthropique, proclamèrent, non-seulement la liberté, mais l'indépendance, comme si l'intérêt de vingt-neuf millions de vj

Français devait être sacrifié inconsidérément à celui de quelques milliers d'Africains, ou à de vaines utopies rêvées par des novateurs imprudens.

Tel est cependant l'étrange patriotisme dont l'influence fit préférer les chimères d'une idéologie ridicule et dangereuse aux avantages positifs d'un régime colonial paternel, qui aurait garanti tous les droits et concilié tous les principes.

C'est à ce système absurde d'indépendance, rejeté même par les gouvernemens représentatifs, que nous allons opposer les vérités démontrées par l'expérience, et les dangers de son application à des hommes privés de tous les élémens indispensables à l'émancipation politique (1).

_____

(1) L'Angleterre, l'Espagne, la Hollande, les États-Unis d'Amérique, dirigés par une philanthropie plus éclairée, se sont bien gardés d'abandonner à eux-mêmes des hommes incapables de jouir avec modération et sagesse des bienfaits de la li-

Nous envisagerons d'abord, sous un aspect général, la légitimité des grandes invasions, et la possession qui en est la conséquence immédiate. Nous établirons en principes que ces grandes crises politiques sont soumises à des lois immuables, indépendantes des combinaisons humaines. Nous discuterons enfin, avec impartialité, les clauses du contrat primitif, qui, en subrogeant la France au droit de souveraineté, qui appartenait aux

---

berté, et d'apprécier les avantages de l'indépendance, et, tout en déclamant contre le *trafic infâme de la traite*, ces gouvernemens libéraux ont maintenu l'esclavage dans toutes leurs colonies, et résisté à toutes les tentatives faites par les Noirs pour obtenir la liberté.

Les Cortès viennent récemment de décider la continuation de la guerre dans les provinces insurgées de la Côte-Ferme. La France seule reste dans une fatale inaction, qui compromet non-seulement ses plus grands intérêts, mais qui expose les autres colonies européennes aux dangers d'une contagion, dont le résultat doit être infailliblement la destruction totale de ces malheureux Africains, livrés depuis vingt-cinq ans à toutes les fureurs de l'anarchie.

fondateurs de la colonie de Saint-Domingue, lui imposa des obligations qu'elle doit remplir religieusement.

———

INTRODUCTION.

L'occupation violente de l'Amérique par les Européens a sans doute toutes les apparences d'une injuste agression; mais lorsqu'on la considère sous des rapports plus généraux, on y reconnaît les lois immuables de cette nature qui meut à son gré les peuples et les fait concourir à l'exécution de ses impénétrables desseins. Colomb, Cortès et Pizarre, en imprimant au Nouveau-Monde un mouvement régénérateur, ne firent qu'imiter les Sésostris, les Alexandre, les Clovis, les Gengiskan et les Mahomet, qui envahirent les anciens empires et dont l'usurpation fut légitimée par le tems.

C'est ainsi que l'Asie, l'Europe et l'Afrique, pressées par l'impérieuse loi de l'équilibre social, devinrent, à différentes époques, la proie de peuples conquérans, ou le patrimoine de chefs audacieux. Cette continuité d'action et de réaction des peuples n'est donc que le mouvement nécessaire à l'existence des sociétés.

Ce principe d'ordre et d'équilibre universel s'est particulièrement manifesté dans les transmigrations qui ont changé la face de l'Amérique:

1

on voit l'envahissement détruire ou repousser les peuples indigènes, mais ouvrir une large issue au trop plein des populations étrangères, débarrasser les régions septentrionales du globe de ces hommes turbulens et guerriers qui les fatiguaient, étendre le commerce, créer de nouvelles jouissances, établir de nouveaux rapports entre les peuples, et transplanter enfin la civilisation et les arts de l'ancien monde dans le nouveau.

Partout on aperçoit les résultats de ce système de compensation : dans l'Amérique du nord la barbarie recule devant la civilisation, et douze millions d'habitans industrieux couvrent aujourd'hui treize cents lieues de côtes qu'occupaient jadis des hordes de sauvages, nomades ou anthropophages.

Dans l'Amérique espagnole, des cités opulentes et des gouvernemens réguliers, se sont élevés sur les débris des empires de Montézuma et des Incas ; enfin, le Mexique et le Pérou, pour rivaliser de puissance avec les États-Unis du nord, n'ont besoin que d'une amélioration dans le système administratif de leur métropole.

Qu'on ne mette donc pas en question la légitimité des grandes invasions, puisqu'elles sont toujours, je le répète, le résultat d'une impérieuse nécessité.

S'il est démontré que le déplacement des peuples, que le bouleversement des empires et tous les fléaux qui affligent l'espèce humaine, sont autant de moyens d'harmonie et d'équilibre social, à quoi bon de futiles controverses sur l'injustice de ces émigrations armées, qui ont changé la destinée des états ? La cause qui les a produites répond suffisamment aux vains paradoxes de la philosophie. Qui peut assurer d'ailleurs que l'Amérique devenue puissante et guerrière, n'exigera pas à son tour de l'orgueilleuse Europe, la restitution des tributs qu'elle aura été forcée de lui payer ?

Tout est donc habilement pesé et compensé dans la nature; l'homme n'est que l'instrument passif de ses volontés.

S'il était possible de contester aujourd'hui le droit de possession aux descendans des premiers conquérans de l'Amérique, on serait également fondé à dire aux habitans de la France : « Les » Sicambres vos ancêtres ne vous ont transmis que » des propriétés usurpées par la violence et par » la force; la morale publique et le droit des gens » se refusent aujourd'hui à légitimer leur agres- » sion; retirez-vous sur les rives du Wéser, » votre ancienne patrie, et renoncez pour jamais » aux fruits de vos injustes conquêtes ».

Où nous conduiraient alors ces refoulemens simultanés de tant de nations forcées de reculer les unes devant les autres ?.... La nature opère avec plus de sagesse, elle amène progressivement ces grandes mutations et ne les soumet point aux calculs de l'intérêt de quelques individus : la force des choses produit les révolutions ; il n'est pas au pouvoir des hommes d'en accélérer ou d'en retarder le mouvement. Mais ce principe d'équilibre incontestable en thèse générale, devient erroné et subversif de l'ordre, lorsqu'il se subdivise et qu'il cesse de s'appliquer exclusivement aux grandes masses.

Ainsi donc on aurait tort de conclure de ce que nous venons de dire, que les révolutions locales sont des conséquences nécessaires de ce principe, et que les Nègres d'Haïti se trouvent placés dans cette hypothèse ; car le droit de réaction ne peut appartenir qu'aux peuples envahis, et ces peuples n'existent plus à Saint-Domingue. A quel titre les Nègres, étrangers au sol américain, viendraient-ils revendiquer ce droit de représaille, et contester aux Français la possession d'une terre, qu'il occupaient plus de soixante ans avant la transplantation des Africains dans leurs établissemens ? Ces derniers, s'ils doivent être libres et Français, ne peuvent tout au plus que partager les fruits de la conquête, et, sous ce rapport, leur indépendance ne serait qu'une coupable révolte, qu'on ne peut s'empêcher de réprimer sans consacrer une maxime dangereuse de dislocation sociale ; mais l'ignorance et la manie des systèmes nouveaux semblent se réunir pour méconnaître des droits de propriété, dont la noble origine serait respectée par les possesseurs primitifs eux-mêmes, s'ils existaient encore.

Les faits viendront à l'appui de cette assertion.

La découverte du Nouveau-Monde avait donné l'essor à toutes les ambitions ; elles ne furent contenues ni par les chances périlleuses du redoutable Océan, ni par la crainte d'un climat dévorant, et encore moins par les dangers de ces guerres lointaines, qui promettaient à la constance et au courage des richesses et la gloire militaire.

Colomb trouva des compagnons de sa fortune, et son génie, encouragé par l'ambitieuse Isabelle, devait reculer les limites du monde et associer des peuples nouveaux aux avantages de la civilisation.

A cette époque mémorable, l'Espagne aspirait à l'empire des mers ; elle jetait les bases de cette puissance colossale qui, sous Charles-Quint, menaça l'indépendance des nations européennes. On vit alors ses vaisseaux et ses intrépides marins, conduits par un navigateur audacieux, franchir le vaste Oéan Atlantique et déposer sur des rivages inconnus les étendarts d'un Dieu de paix, au nom duquel on allait immoler des milliers de victimes. Des peuples innombrables subirent le joug des vainqueurs que la soif de l'or rendait inexorables ; l'Amérique étonnée vit bientôt le sceptre de ses paisibles caciques passer dans les mains de quelques aventuriers courageux, dont l'ambition n'avait d'autres bornes que celles du monde.

La conquête du Mexique et celle du Pérou égaleraient les vainqueurs aux guerriers des tems héroïques de la Grèce, si l'éclat de leur gloire n'était terni par l'excès de leur cruauté : toutefois Fernand-Cortès, plus grand dans ses malheurs que dans sa prospérité, supporte avec grandeur d'ame les revers de la fortune, et dans sa disgrâce il fait encore admirer le vainqueur barbare et superbe des Montézuma et des Guatimozin.

Pizarre, enivré du sang indien, dévoré d'une insatiable ambition, redouté de ses propres soldats, périt sans gloire sous le poignard des compagnons d'Almagro son rival.

Colomb lui-même, dont le génie et le courage avaient donné des empires à Isabelle et à Charles-Quint, succombe sous les efforts d'une basse jalousie ; il revient dans son ingrate patrie, chargé de fers et abreuvé d'humiliations.

C'est ainsi que la nature, dans sa marche irrésistible, brisa les instrumens dont elle s'était servi pour préparer son ouvrage, mais qui ne pouvaient plus lui convenir pour le consolider.

Elle fit paraître des hommes plus mesurés dans leur conduite, plus modérés dans leur ambition et plus patiens dans leurs entreprises. Les découvertes se continuèrent avec autant de succès et moins de violences, et toutes les parties du nouvel hémisphère obéirent aux lois de la Castille.

Tant de sacrifices et tant de travaux devaient garantir à l'Espagne la possession paisible de ses vastes conquêtes; mais en étendant sa domination, elle négligea de l'appuyer sur des lois paternelles et des institutions durables; elle compromit des droits que lui avaient acquis la constance et la valeur de ses soldats. L'Amérique, exploitée par une administration oppressive et fiscale, renferma dans son sein le germe funeste de la rebellion. Elle éclata en 1809, au moment même où la métropole avait à se défendre contre la violence d'un redoutable voisin. Si ces révolutions avaient eu pour but une amélioration dans le système administratif, ou la réforme des abus qui enchaînaient l'industrie locale et livraient la fortune publique à la discrétion de quelques traitans, l'Amérique recueillerait aujourd'hui le fruit de ses nobles efforts; mais elle prétendit à l'indépendance, et ses malheurs ne finiront qu'avec la réaction qui la rendra à la mère-patrie.

Des hommes qui depuis trente ans ne rêvent qu'émancipation, qui prennent pour des principes positifs les chimères d'une imagination contemplative, peuvent se méprendre sur le résultat infaillible de ces crises politiques; la nature de la population, l'état languissant de la culture, l'ignorance des peuples, le caractère et les mœurs nationales s'opposent invinciblement à l'émancipation d'un pays privé de tous les élémens essentiels à l'indépendance.

Quand les états du nord de l'Amérique voulurent s'isoler de l'Angleterre, ils avaient déjà tous les avantages politiques, indispensables à l'existence des gouvernemens : une population blanche industrieuse et civilisée, un commerce immense, une culture riche et variée, des cités opulentes et des intérêts identiques, tels sont les moyens avec lesquels on peut prétendre à l'indépendance; elle n'est qu'une chimère dangereuse sans le secours de ces puissans auxiliaires. On est convaincu de cette vérité lorsqu'on considère la marche lente, incertaine et timide de ces républiques éphémères : Buénos-Ayres, débarrassée depuis huit ans de ses ennemis extérieurs, ne jouit point encore des bienfaits d'une constitution libérale. Livrée à des ambitieux qui s'en disputent les lambeaux, elle a parcouru successivement tous les degrés d'une funeste anarchie, en attendant que l'excès de ses maux et la force des choses la réconcilie avec sa métropole.

Dans le haut Paraguay, Dartigas parcourt en tartare les vastes plaines arrosées par le Rio de la Plata ; il ne consolide son pouvoir par aucune institution utile, et ne se soutient que par l'inertie du Brésil et les dissentions de ses autres voisins.

Dans le Pérou et le Chili, une guerre sanglante sans résultats décisifs, offrent partout le tableau hideux de la destruction, et, malgré l'infériorité du nombre, les soldats du gouvernement légitime disputent avec opiniâtreté la possession d'un pays illustré par la valeur et les exploits de leurs ancêtres.

Dans le royaume de Santa-Fé, l'invincible Morillo a trouvé dans son génie et sa valeur les moyens de faire tête à l'orage ; il a déconcerté les plans de son présomptueux rival par des marches rapides et savantes, et son existence, au milieu de ces vastes solitudes, fut pendant six ans un problême pour ses ennemis mêmes.

Que pouvait-on attendre en effet de ces races mélangées, sans force morale et sans ressources physiques, qui se sont abandonnées imprudemment sur la mer orageuse des révolutions ? De grands revers et le regret tardif de les avoir provoqués ; tels seront toujours les résultats de ces déchiremens excités par l'ambition particulière, alimentés par la vengeance et l'esprit de parti, et qui finissent par une fatale lassitude, signe précurseur de l'épuisement et de la mort.

La colonie de Saint-Domingue offre surtout un exemple frappant du danger de ces transitions politiques, qui font passer brusquement les peuples, de l'enfance à la virilité. La liberté est sans doute un bienfait pour les hommes lorsqu'ils savent en user avec discrétion et sagesse ; mais elle fut un véritable fléau pour les Nègres qui étaient incapables d'apprécier toute l'étendue des devoirs qu'elle impose.

Ce fut au nom de cette liberté que des milliers de blancs périrent dans les flammes, ou par le fer des assassins. Ce fut cette liberté qui arma Toussaint contre Rigaud et fit couler des flots de sang africain ; c'est elle qui suscita les Dessalines et les Christophe, dont les noms seuls sont un outrage fait à l'humanité ; c'est elle enfin qui produisit l'indépendance haïtienne, ce complément de toutes les absurdités politiques, ce polype moral que les gouvernemens réguliers doivent se hâter d'extirper.

Peut-on espérer en effet que ces hommes habitués depuis long-tems à tous les excès de la licence et de la barbarie, pour lesquels la paresse

est une nécessité, qui se font un jeu de la violence et de la perfidie, qui n'ont enfin aucune
idée saine de la morale ; peut-on espérer, dis-je,
que de pareils hommes puissent s'élever à la
hauteur des conceptions qu'exige un gouvernement représentatif, dont les premières bases sont
la perfectibilité de la civilisation, la réunion de
toutes les vertus sociales et les connaissances po-
sitives que l'expérience et le tems seuls peuvent
donner aux peuples civilisés ?

C'est en vain que des admirateurs ignorans
ou mercenaires viennent nous vanter la haute
sagesse de ces néophytes de la liberté, leurs
progrès dans les sciences et les arts, l'activité de
leur industrie, les ressources immenses de leurs
cultures, l'étendue de leur commerce, et surtout leur puissance militaire. On sait à quoi s'en
tenir sur ces assertions mensongères, accréditées
par quelques misérables spéculateurs qui fré-
quentent les ports de Saint-Domingue, ou par de
ridicules philanthropes qui croient apercevoir
dans le caractère féroce de ces Africains le germe
précieux de toutes les vertus républicaines.

C'est sous l'empire des lois paternelles de la
monarchie légitime, que ces êtres, à peine débar-
rassés des liens de la servitude, doivent exister.
Cet ordre de choses convient seul à la nature de
leurs mœurs et à la faiblesse de leur organisation

morale, qui les rend incapables des méditations abstraites de la politique et de la législation.

Mais en reconnaissant la nécessité des principes monarchiques pour Saint-Domingue, on ne prétend pas cependant qu'on doive y relever le trône ensanglanté des Dessalines et des Christophe : il faut espérer que pour le bonheur de l'humanité ces existences monstrueuses ne se reproduiront plus.

Les droits de la France sur Saint-Domingue sont imprescriptibles, et, lorsqu'elle a manifesté le désir d'associer aux bienfaits de ses constitutions des hommes dont elle a brisé les chaînes, leur soumission est un devoir et leur résistance, est un crime.

Non-seulement les insurgés de Saint-Domingue ne doivent pas prétendre à l'indépendance de droit, mais ils perdront celle de fait, aussitôt que la France voudra se rappeler la dignité de sa puissance, ou que la violence de leurs discordes civiles les forcera à implorer la bonté de leur souverain légitime.

DROIT DE SOUVERAINETÉ
DE LA FRANCE
SUR SAINT-DOMINGUE,

CONTRAT QUI L'ÉTABLIT, VIOLATION DE CE CONTRAT, PRIN-
CIPES DE COMPENSATION INVOQUÉS PAR LES COLONS.

L'ABSURDITÉ des prétentions des Noirs à l'indépendance de droit, résulte évidemment de
l'examen des titres primitifs, qui constituent la
légitimité de la possession et le droit de souveraineté de la France sur la colonie : c'est dans
ces documens authentiques, remarquables par la
pureté de leur origine, que cette première question est résolue.

En effet, on voit des Français animés par un
sentiment généreux, exaltés par le récit des malheurs qu'éprouvaient les peuples du nouvel hémisphère, s'armer contre les oppresseurs et jurer
de venger les victimes d'une domination barbare.

C'est à Saint-Domingue que leur courage les
conduit et que se forme le noyau de leur for-
midable ligue : la mer et la terre deviennent tour
à tour le théâtre de leur courage et de leur gloire.
Ils mettent partout en péril les navigateurs espagnols, et s'établissent à main armée dans le
centre de leur première conquête.

Une paix, dictée par la valeur des flibustiers, met enfin un terme aux guerres sanglantes qui désolaient le Nouveau-Monde. L'Espagne est forcée de ratifier l'envahissement des pays occupés par ses redoutables ennemis : c'est à cette époque que remonte la possession légitime de Saint-Domingue par les Français : c'est au prix de leur sang versé pour la défense du faible qu'ils acquirent alors le droit de propriété, qu'une possession non interrompue de plusieurs siècles a garanti à leurs descendans. S'il est de principe que la possession n'est légitime que lorsqu'elle est l'effet d'une transmission légale, appuyée de titres authentiques, comment les Nègres peuvent-ils contester ce droit inhérent à la qualité d'indigène qu'ils n'ont certainement pas ?

Quant à l'indépendance de fait que les Noirs de Saint-Domingue ne doivent qu'à la funeste diversion de nos discordes civiles, et aux perfides manœuvres de leurs dangereux amis, elle n'est qu'une chimère dont le séduisant prestige cache à leurs yeux l'abîme ouvert sur leurs pas. La vérité et la force de cette pénible assertion sont fondées sur les principes invariables qui règlent la durée de ces existences politiques en opposition avec le système général d'ordre et d'harmonie sociale.

Les phases révolutionnaires de Saint-Domingue sont marquées au coin des lois immuables de la nature, qui tend constamment à se dégager de tout ce qui peut entraver la marche de ses combinaisons et de ses desseins (1).

Toussaint-Louverture, qui avait reconnu le danger de la liberté sans gradations, avait donné d'abord une impulsion salutaire à la révolution coloniale : il était parvenu par une utile application des principes libéraux à concilier la liberté avec les intérêts de la métropole. Ce sont les avantages de son système colonial, approuvé par le directoire et le gouvernement consulaire, que les colons réclament aujourd'hui. Telle est leur profession de foi ; elle répond victorieusement au reproche injuste qu'on leur fait, de vouloir imprimer un mouvement rétrograde aux principes libéraux.

Les Nègres doivent nécessairement, et dans l'intérêt même bien entendu des propriétaires, être appelés à jouir, comme sous le gouvernement de Toussaint, du quart des productions obtenues et arrachées du sol par leur travail. Rien ne saurait mieux assurer, pour le présent comme pour l'avenir, la paix et la tranquillité de nos colonies, que cette uniformité de système et de

---

(1) La fin tragique de Toussaint, de Dessalines, de Christophe, et l'instabilité de leurs gouvernemens sont des exemples frappans qui viennent à l'appui de ces vérités éternelles.

régime que la force des circonstances commande aujourd'hui, et d'autant plus impérieusement que la mère-patrie a adopté pour elle-même des principes et des doctrines nouvelles. Cette sage modification serait parfaitement en harmonie avec le système administratif conservé dans les colonies du Vent, dans les établissemens anglais, espagnols, hollandais, portugais, et dans la partie espagnole où les Noirs ont préféré cet état de choses aux dangereuses innovations des Nègres français leurs voisins. .

Mais les bienfaits d'une liberté qui garantissait tous les droits et tous les intérêts, furent perdus lorsque Toussaint, séduit par l'attrait de l'indépendance, proclama sa constitution. Son administration n'offrit bientôt plus qu'une longue série d'inconséquences politiques, qui attirèrent sur cet infortuné pays tous les fléaux de la guerre extérieure.

C'est alors que les causes de destruction se manifestèrent de toutes parts.

Les élémens qui avaient fait prospérer momentanément le premier système administratif de Toussaint, ne pouvaient plus exister sous le régime aussi absolu qu'incohérent qu'il venait d'établir. Tous les Blancs que la confiance dans la modération de ses premiers plans avait ramenés à Saint-Domingue, ne virent plus en lui que l'usurpateur des droits de la métropole. Ils redoutèrent une autorité qui ne pouvait plus se soutenir que par des concessions incompatibles avec leur sécurité personnelle, la conservation de leurs propriétés et leur attachement à leur mère-patrie.

Les hommes sages et éclairés, dans la classe des Noirs, blâmaient tacitement ces projets d'indépendance, enfantés par l'ambition et repoussés par l'intérêt réel d'une colonie, qui ne pouvait se suffire à elle-même. Ils appréhendaient d'ailleurs, avec raison, les dangers d'une usurpation qui allait exciter le ressentiment d'une métropole, aussi puissante qu'elle avait été généreuse à leur égard.

Les habitans de la partie espagnole, accoutumés à la domination paternelle des grandes puissances européennes, ne pouvaient supporter long-tems le joug de fer imposé par un nègre ambitieux; ils n'attendaient qu'une occasion favorable pour éclater et se débarrasser d'une indépendance qui ne leur promettait que la misère et les stériles avantages de la souveraineté : l'armée noire même n'était pas sans inquiétude sur les résultats de la lutte inégale que son chef imprudent allait engager, et la rapidité de sa défaite ne justifia que trop cette appréhension. Tous les germes de la décadence et de la discorde se développèrent simultanément, au moment même

où la France en paix avec l'Europe songea sérieu-
sement à revendiquer les droits méconnus par
l'ambitieux Toussaint.

L'occupation violente et temporaire de la colonie par les troupes françaises en 1802, et la
mort de Toussaint-Louverture, sont les traits
saillans de cette première période de l'indépendance haïtienne.

Mais suivons la au milieu de ces alternatives
de succès et de revers, qui préparent de longue
main le triomphe du pouvoir légitime, en signa-
lant aux peuples le danger des faux systêmes
politiques.

Dessalines, plus féroce que Toussaint, avec
moins de génie et d'astuce, rétablit sur des mon-
ceaux de cadavres l'indépendance qu'il avait sa-
crifiée, en 1802, à son ambition particulière : il
croit relever l'éclat de sa puissance par la fas-
tueuse dignité impériale ; mais cette grandeur
dérisoire ne lui épargne point la honte de se re-
tirer avec vingt-deux mille hommes, devant huit
cents Français qui défendaient la place de Santo-
Domingo.

Revenu dans la partie du Nord, il médite de
nouvelles cruautés, et, lorsqu'il se dispose à les
exécuter, il meurt assassiné au milieu d'une garde
nombreuse, faible rempart contre la haine et la
vengeance des peuples opprimés.

Les factieux se disputent alors les dépouilles de ce ridicule monarque: dans l'Ouest les hommes de couleur jettent les bases d'un gouvernement représentatif, et dans le nord le trône vacant est occupé par le sanguinaire Christophe, dont l'affreuse tyrannie pèse pendant seize ans sur ses malheureux concitoyens.

Ces divergences d'intérêts et de principes dans le système administratif de Saint-Domingue, n'étaient rien moins que favorables à l'indépendance haïtienne. Elle ne pouvait se consolider que par le bienfait d'une paix solide et durable, par l'union des citoyens, par la restauration de la culture et du commerce, et enfin par l'heureux concours de toutes les bonnes institutions politiques, indispensables, on le répète, à l'existence des gouvernemens.

Mais Saint-Domingue était privé de tous ces élémens conservateurs: une funeste rivalité arma les citoyens contre les citoyens; cette grande colonie n'est bientôt plus qu'un volcan, dont les éruptions répétées menacent d'engloutir le reste de ses habitans.

Christophe, plus audacieux que Péthion, son rival, envahit le territoire républicain : des flots de sang coulent sous les remparts du Port-au-Prince, et Christophe savourait d'avance le barbare plaisir d'immoler à sa rage les ennemis de sa puissance, lorsqu'il est forcé par la défection de ses propres soldats, à retourner précipitamment dans le nord, après avoir fait périr par les flammes tous ses blessés qui pouvaient embarrasser sa retraite.

Si on compare l'état de désordre et d'anarchie dans lequel ont existé les enfans de la liberté et de l'indépendance depuis 1793, avec la situation heureuse et paisible des nègres espagnols leurs voisins, qui ont préféré le régime paternel de leur métropole aux prétendus bienfaits de l'émancipation, on ne peut que déplorer cette fatalité qui nous fait chercher le bonheur dans les abstractions de la métaphysique et de la philosophie.

Cependant l'Ouest et le Sud semblent respirer après le départ du monarque haïtien.

Péthion et son sénat-conservateur, satisfaits d'avoir conjuré l'orage qui les menaçait, continuent à se tenir sur la défensive et à chercher dans le vague des théories, les moyens de consolider leur systême représentatif. Péthion meurt dans ces entrefaites, emportant dans le tombeau la réputation d'un homme de bien, et peut-être le regret d'avoir commis le sort de son pays aux chances incertaines d'une coupable insurrection.

Boyer, son ami et son compagnon d'armes, lui succède, et peu de tems après Christophe se

donne la mort, en apprenant la révolte de ses
sujets et la défection de son armée ; il ne veut
pas survivre à la perte d'un pouvoir qu'il avait
déshonoré. Boyer, dans cette circonstance diffi-
cile, sait habilement rallier tous les partis, et
préserver le Nord des dangers de l'oligarchie,
qui venait de renverser l'autorité oppressive de
Christophe.

Dans cette seconde période de l'indépendance
haïtienne, qui commence à la mort de Dessalines et finit à celle de Christophe, on la voit passer
par toutes les épreuves de la décadence et prête
à succomber sous le poids et l'excès de ses maux.
Dans le Nord, une domination barbare étouffe,
pendant seize ans, les germes qui pouvaient la
faire prospérer. Dans l'Ouest, on laisse flotter
les rênes administratives pour complaire à la
classe nombreuse des cultivateurs, comme si on
ignorait que le travail, qui seul produit le commerce, la richesse territoriale et alimente l'industrie, est le plus ferme soutien de l'indépendance des peuples. Dans le Sud, un nègre
armé prétendit aussi à l'indépendance ; de toutes
parts enfin, les symptômes de la destruction se
manifestaient, sans qu'on songeât à en expliquer
les causes et à en prévenir les effets ; tant était
grande la fausse sécurité qui entraînait à leur perte

des hommes, que les effets de la révolution avait porté au-delà de l'étroite sphère de leur intelligence et de leur capacité naturelle !

Cependant la mort de Christophe paraît relever l'espoir des partisans de l'indépendance : elle leur rend cette attitude de force qu'ils avaient perdue par l'effet de leurs dissentions intestines ; mais elle doit donner l'essor à de nouvelles ambitions, elle doit activer les haines et les rivalités des Noirs contre les hommes de couleur ; et, en centralisant le pouvoir, elle doit éveiller l'inquiétude des puissances maritimes et attirer sur Saint-Domingue le fléau destructeur des réactions.

Tel est le tableau que nous offrira cette dernière période de l'indépendance d'Haïti. Nous aurons donc à examiner si les derniers événemens politiques lui donnent une consistance réelle, ou s'ils doivent au contraire accélérer l'époque de sa destruction.

Si on jugeait l'avenir par le présent, on ne verrait sans doute dans cette fusion générale de deux pouvoirs ennemis que de nouveaux moyens de force et de stabilité ; car la puissance d'un état est toujours en raison de l'homogénéité de ses principes administratifs ; mais à côté des garanties rassurantes que semble présenter aux Noirs ce système de centralité à Saint-Domingue, on aperçoit le cortège nombreux des élémens révolutionnaires.

L'indépendance haïtienne, livrée à la fureur des partis, affaiblie par la divergence de ses ressorts politiques, par le relâchement de son régime intérieur, par la stagnation de son commerce et de sa culture, ne devait inspirer aucun ombrage aux puissances maritimes intéressées à la conservation du système colonial : elles voyaient les deux gouvernemens d'Haïti s'acheminer à l'anéantissement à travers le fléau des guerres civiles et les désordres de l'anarchie ; dèslors elles durent attendre patiemment le résultat de ces influences désastreuses, sans chercher à leur donner une plus grande activité.

On pensa avec quelque raison que les maux inséparables des dissentions intestines, et la diversion qu'ils occasionnaient, éloigneraient le danger d'une propagande qui menaçait tous les établissemens européens, et que ce danger finirait entièrement avec les causes qui l'avaient produit. Mais ces calculs ne pouvaient pas inspirer une sécurité durable aux puissances maritimes ; car, malgré qu'il soit démontré que l'émancipation coloniale doit périr par le vice de ses propres élémens, elle peut encore en périssant répandre autour d'elle le venin de ses pernicieuses doctrines. Ce sont ces dangereux effets contre les-

lesquels il est urgent de se prémunir aujourd'hui.

Si les leçons de l'expérience ne doivent point être perdues pour les hommes, combien n'est-on pas fondé à redouter cette dernière période de la décadence haïtienne ! La république française, qui fut le prix de tant de sang et de tant de sacrifices, après avoir triomphé de tous ses ennemis intérieurs et extérieurs, paraissait aussi établie sur des bases inébranlables ; elle finit cependant en 1804 : mais en périssant elle inocula à tous les peuples le germe des funestes principes, que la domination vigoureuse de Napoléon comprima momentanément.

La république d'Haïti, après avoir parcouru les mêmes degrés d'infortune, aura sans doute le même sort. Mais avant de succomber elle pourra étendre ses ravages dans la partie espagnole et dans les colonies voisines, si on tardait trop à lui opposer une redoutable barrière. La France, l'Espagne, et l'Angleterre surtout, doivent donc se hâter de détruire une puissance plus redoutable par la force virtuelle de ses principes que par le nombre et la valeur de ses soldats.

L'époque où la république d'Haïti, tranquille au-dedans, cherchera à consolider son indépendance et à reculer les limites de son influence morale, sera donc celle de sa destruction, parce qu'elle suscitera forcément contre elle tous les gouvernemens dont les possessions ont des points de contact avec Saint-Domingue. L'île de Cuba, la Jamaïque, Porto-Rico, et tout l'Archipel mexicain, menacés par la contagion, doivent attendre avec impatience qu'on les délivre de ce dangereux voisin. Ainsi la révolution du nord de Saint-Domingue, loin d'être favorable à l'indépendance haïtienne, doit raviver dans le cœur des Noirs ces haines de couleur, qui ne s'éteindront que dans le sang des Mulâtres. Elle doit donner l'éveil à l'inquiétude des métropoles européennes et lui susciter de nombreux et puissans ennemis, auxquels elle ne pourra résister, en supposant même qu'elle parvienne à étouffer dans son sein l'esprit de faction, toujours inhérent aux gouvernemens populaires, et qu'elle renonce à l'occupation de la partie espagnole, qui l'obligerait à disséminer les forces dont elle a besoin pour la défense de son territoire.

Toutefois, les amis de l'ordre et de l'intérêt de leurs pays cherchent à se rendre compte de cette fatale indifférence, qui laisse parcourir à la colonie de Saint-Domingue toutes les périodes de la destruction. Ils se demandent, avec inquiétude, quel sera le terme de ce fléau politique qui met en péril tous les établissemens européens, et qui a déjà causé tant de malheurs et détruit tant d'espérances? Qui peut suspendre enfin les mesures de salut que réclament impérieusement l'exubérance de notre population qui attend une issue, l'intérêt de notre marine, de notre commerce, et celui même de ces infortunés cultivateurs, devenus l'héritage de toutes les tyrannies africaines, qui depuis 1793 se sont succédées rapidement?

Est-ce le respect pour les méprisables doctrines qui ont excité toutes les furies révolutionnaires contre cette colonie, qui enchaîne la puissance nationale? Ou attend-on que l'incendie, allumée par les novateurs forcenés de 1793, s'éteigne dans le sang des victimes que le fanatisme de l'indépendance doit encore immoler?

Telles sont cependant les affligeantes réflexions que font naître le silence et l'inertie de la métropole.

Loin de nous cependant l'idée d'appeler sur Saint-Domingue les fureurs d'une guerre d'extermination! Tout en reconnaissant la nécessité des moyens de force, nous convenons aussi que la modération, la sagesse, et surtout la loyauté, doivent caractériser les grandes mesures de salut qu'exige la situation déplorable de la colonie.

En vain chercherait-t-on par des négociations intempestives à y rétablir l'autorité du roi. Ces moyens, qui décèlent la faiblesse, compromettent la dignité de sa puissance et consolident la révolte, qui se croit légitimée par le seul fait de ces négociations.

C'est dans l'attitude de la force qu'il faut se montrer et faire les concessions équitables aux Noirs de Saint-Domingue ; sans ce préalable essentiel, on n'obtiendra que des résultats illusoires, des traités sans garantie, des transactions sans effets, et la honte d'avoir sacrifié l'honneur et l'intérêt national à des avantages humilians ou chimériques. Un cri général s'élève contre ce système pusillanime, dont l'expérience a déjà fait justice ; puisse-t-il enfin être entendu du roi et de ces courageux députés, qui depuis cinq ans luttent avec autant de succès que de talent, contre les principes destructeurs de notre bonheur et de notre tranquillité !

Quels sont au reste les partisans de ces demi-mesures ? ce sont des agens secrets de la prétendue république d'Haïti, des Français connus par leur coupable vénalité, des spéculateurs déhontés, qui cherchent la fortune dans les désordres de la colonie, et des intrigans qui, sous le voile de la philanthropie, méditent des trahisons et trafiquent des dépouilles de leurs concitoyens. A les entendre, l'indépendance doit faire renaître *l'âge d'or* dans ces fertiles contrées, et devenir le véhicule puissant de la prospérité nationale. **Peuvent-t-ils** donc ignorer, ces novateurs insensés, qu'un pareil ordre de choses ne doit produire qu'une colonie languissante et précaire, des consommateurs de leurs propres productions, qui ne sauraient fournir à notre commerce aucun objet d'échange, aucun moyen d'activité ? Ne renoncera-t-on jamais à toutes ces hypothèses, rejetées par l'expérience et la raison ?

Nous avons prouvé l'existence de ce principe d'équilibre qui règle la durée des états et met en action les peuples.

Nous avons démontré qu'en thèse générale les grandes invasions et la possession qui en est le résultat, ne sont que les conséquences nécessaires de ce systême général et qu'elles sont légitimées par le tems.

Nous avons fait l'application de ces principes aux possesseurs du Nouveau-Monde, afin d'établir la légitimité de leurs droits, contestés par les prétendus défenseurs de l'indépendance des peuples.

Nous avons fait sentir la différence qu'il y a entre ces révolutions éphémères et transitoires, qui changent accidentellement quelques parties de l'ordre établi, et ces crises politiques, dont les résultats positifs et durables fixent le sort des peuples et la stabilité de leur organisation sociale.

Nous avons établi incontestablement le droit

des premiers Français sur Saint-Domingue, et les titres honorables sur lesquels il est fondé.

Nous avons enfin annoncé la chute inévitable de l'indépendance haïtienne et les causes de cette crise politique.

Nous allons considérer à présent dans son origine le droit de souveraineté de la France sur Saint-Domingue, discuter le contrat qui l'établit et en réclamer l'exécution.

~~~~~~~~~~~~~~~~~

Tous les droits de souveraineté quelconques se rattachent nécessairement, dans leur origine, à l'existence de contrats synallagmatiques passés entre les peuples, ou avec des individus : toute la force de ces transactions politiques repose sur la loyauté et la bonne foi; et c'est de leur rigoureuse observance que dépendent souvent la tranquillité des états et le bonheur des sociétés; les révolutions ne sont que les conséquences inévitables de la violation de ces principes.

Le génie des Colomb, des Cortès et des Pizarre rendit l'Amérique tributaire de la Castille; mais la cruauté des vainqueurs changea bientôt en déserts ces vastes contrées peuplées de nations nombreuses et paisibles.

Saint-Domingue, soixante ans après la décou-

verte du Nouveau-Monde, comptait à peine
4,000 habitans indigènes; l'exploitation des mi-
nes du Cibao et la barbarie des conquérans avaient
détruit une population de quinze cent mille In-
diens.

Enfin, toutes les parties de cette île immense
n'offraient plus, en 1553, que l'image de la destruction, lorsque des aventuriers, connus sous le nom
de *Boucaniers* et de *Flibustiers*, vinrent s'établir dans la partie du Nord : une lutte sanglante
s'engagea entr'eux et les Espagnols; mais leur
constance et leur courage triomphèrent de tous
les obstacles, qui s'opposaient à leur établissement.

L'Angleterre, aussi habile à former des plans
utiles que prompte à les exécuter, convoitait se-
crètement la possession de cette colonie nais-
sante.

L'anglais Willis, chef des aventuriers, s'en-
tourait d'hommes de sa nation, et disposait adroi-
tement tous les esprits à reconnaître la domination anglaise; mais il est chassé, en 1638, par
Levasseur, et les Français prennent dès-lors une
consistance qui fixe l'attention de leur patrie et
réveille la jalousie des Espagnols qui voyaient,
avec inquiétude, les progrès de ces dangereux
voisins. Déjà l'agriculture s'élevait rapidement
aux dépens de la chasse et de la course aban-

données par un grand nombre d'aventuriers, qui préféraient les utiles et douces occupations de la vie champêtre, aux travaux pénibles et chanceux de leur premier métier.

L'industrie et la population resserrées dans les limites trop circonscrites de la Tortue, franchirent alors l'espace qui les séparait des côtes de Saint-Domingue, et de riches établissemens formés dans l'Ouest et dans le Nord, offrirent bientôt au commerce de l'Europe des débouchés considérables, et des objets d'échanges avantageux. Cependant, il n'existait entre ces peuples et la France que des rapports de convenance et une analogie de langage et de mœurs, que le mélange des différentes nations n'avait point altérés ; ils vivaient dans une indépendance d'autant plus heureuse qu'elle n'était troublée ni par le fléau des lois fiscales, ni par les entraves d'une administration exclusive.

Cet état de choses convenait parfaitement à des établissemens nouveaux, dont l'enfance avait besoin d'être protégée et soutenue par la franchise et la liberté du commerce et de l'agriculture. Un système prohibitif eût neutralisé le germe fécond qui cherchait à se développer. Possesseurs par droit de conquête, les premiers habitans de Saint-Domingue ne devaient rien aux gouvernemens de l'Europe. On ne leur avait imposé aucune obligation, on ne pouvait exiger d'eux aucune réciprocité. La colonie s'était établie sans le concours d'aucune métropole; elle pouvait, dans son origine, se constituer en état libre, ou traiter avec le gouvernement qui lui convenait le mieux.

Mais l'amour de la patrie n'était point étouffé dans le cœur ardent des premiers habitans de Saint-Domingue, et, les regards attachés sur la France, ils semblaient lui dire : « Nous nous sommes éloi-
» gnés de notre pays natal et de nos familles,
» nous avons renoncé à nos affections les plus
» chères, nous avons bravé tous les dangers,
» éprouvé toutes les infortunes, pour aller, à
» quinze cents lieues de l'Europe, fonder des
» établissemens utiles et vous préparer les élé-
» mens de richesses et de puissance, que récla-
» maient impérieusement l'industrie nationale, vo-
» tre population et le rang que vous occupez
» parmi les peuples maritimes. Venez recueillir
» le fruit de nos pénibles travaux, et resserrer des
» liens que le tems et l'éloignement pourraient
» affaiblir. Notre tâche est remplie ; c'est à vous
» à consolider ce grand bienfait, par des garan-
» ties qui assurent tous les intérêts et maintien-
» nent les principes de notre système agricole ».

Telles furent, sans doute, les conditions expresses du contrat primitif qui subrogea la France aux droits de souveraineté cédés par des hommes généreux, dont la seule ambition était alors de partager, avec la mère-patrie, tous les avantages de la nouvelle colonisation.

On respecta religieusement, de part et d'autre, les dispositions de ce pacte de famille, et lorsqu'en 1699, les fermiers voulurent les enfreindre, Ducasse, gouverneur de la colonie, fit au Roi des représentations énergiques ; elles étaient conçues en ces termes :

« L'île de Saint-Domingue n'a point été ache-
» tée, mais conquise, et il ne se trouvera point
» que la compagnie d'Occident ait traité avec
» aucun particulier pour son domaine. Il est vrai
» que M. Durausset qui *commandait pour les*
» *peuples* à la Tortue, céda à la compagnie une
» habitation, une tour et quelques mauvais ca-
» nons; mais cette compagnie n'y ayant trouvé
» aucun droit établi, a maintenu les peuples au
» même état.

» Sa Majesté, depuis la réunion de l'île à son
» domaine, les a aussi conservés dans les mêmes
» immunités, privilèges et franchises, et tous ses
» ministres ont engagé sa parole royale, qu'il ne
» leur serait jamais imposé aucun droit, qu'il ne
» serait porté aucune atteinte à leurs privilèges. »

Or donc, si les droits résultent des conventions, les Colons ne sont-ils pas fondés à dire au

3

gouvernement de 1793 : « La France avait pro-
» mis, en recevant de nous la souveraineté de
» Saint-Domingue, de respecter nos priviléges et
» les principes de notre système colonial; elle
» s'était engagée à nous défendre contre les en-
» nemis extérieurs et à maintenir la tranquillité
» au-dedans; elle devait à ces titres recevoir les
» tributs de notre obéissance et de notre indus-
» trie, partager avec nous les fruits de nos ri-
» ches cultures et les avantages de nos transac-
» tions commerciales : nous avons rempli fidè-
» lement toutes ces conditions ; elle a violé
» toutes ses promesses. La métropole s'est en-
» richie de nos labeurs, et, grace à sa bienfai-
» sante philanthropie, nos habitations sont deve-
» nues la proie des flammes ou le patrimoine de
» nos assassins : elle nous devait sa prospérité,
» sa puissance maritime ; et néanmoins les in-
» térêts de ses sujets, la vie même de ses pro-
» pres enfans ont été sacrifiés à de féroces Afri-
» cains, indignés de la liberté qu'elle leur avait
» donnée, puisqu'ils n'en ont fait usage que pour
» lui enlever la possession de Saint-Domingue.
» Enfin elle a porté une coupable atteinte
» au droit de propriété, elle a manqué à ses
» engagemens; et pour compléter cette longue
» série d'erreurs et d'injustices, son inertie
» nous fait craindre aujourd'hui un funeste aban-

» don de nos droits à quelques milliers de Nè-
» gres révoltés. »

Qu'aura-t-on à répondre à ces vérités incon-
testables? Viendra-t-on encore alléguer la nécessité de marcher avec le siècle, la prétendue
impuissance de nos efforts en 1802, les ravages
du climat, le respect pour l'indépendance des
peuples, la rivalité de l'Angleterre, et toutes ces
fausses considérations, puisées dans l'ignorance
des faits, et dans les funestes doctrines qui ont
agité tous les gouvernemens et troublé la tranquillité de tous les peuples?

Si l'esclavage est une violation du droit naturel, si, dans tous les tems et chez les peuples les
plus policés, les plus humains, on a inconsidérément toléré ce délit politique, si la condition
des Nègres destinés à être dévorés par leurs semblables, ou voués à la mort comme prisonniers,
est moins malheureuse que celle qui en faisait
de paisibles cultivateurs à Saint-Domingue, on
a eu raison sans doute d'invoquer en leur faveur
les grands principes de la liberté et de l'humanité; mais il fallait en même tems proscrire ces
besoins qui nous pressent impérieusement, ce
luxe qui cherche des alimens, ce commerce qui
ne peut exister sans échange; il fallait donner à
votre marine marchande et militaire une direc-
tion nouvelle, ou brûler vos vaisseaux dans vos

ports ; il fallait enfin détruire l'influence coactive de vos colonies sur votre système politique et sur le mouvement intérieur de vos capitaux, et faire des Français un peuple nouveau, sans industrie et sans activité.

Sans ces préalables essentiels, il était aussi injuste qu'intolérable d'immoler à d'absurdes préventions tous les élémens de la fortune publique, de condamner à l'inaction trente mille matelots et six cent mille Français industrieux, de violer scandaleusement toutes les conditions du contrat primitif, et de sacrifier les intérêts de vingt-neuf millions de Français à des illusions philosophiques, parce que quelques déclamateurs exagèrent les abus du régime colonial, et déplorent, avec une hypocrite sensibilité, le sort d'une classe d'hommes plus heureuse que celle des paysans de la France. Mais admettons que dans l'intérêt de la morale publique, on ait été fondé à briser les chaînes de l'esclavage, a-t-on pu le faire sans violer les garanties les plus solennelles, et sans stipuler les compensations que réclament hautement la justice et la religion des contrats ? Devait-on arriver au but d'une émancipation prématurée, en désignant au couteau des nouveaux affranchis, cette classe intéressante et utile d'habitans, victimes de ces déplorables innovations ?

Si la France, rendue à ses souverains légi-

times, veut encore fléchir devant les influences
désastreuses qui ont anéanti Saint-Domingue, si
elle veut ratifier les imprudentes concessions que
le gouvernement anarchique de 93 a fait aux Noirs,
c'est qu'elle a sans doute l'intention de légitimer,
par de grandes indemnités, cet acte de spoliation contre lequel s'élèvent en même tems et la
foi des traités et le respect pour la propriété de
ses sujets. Un gouvernement juste peut avoir le
droit, dans l'intérêt de tous, d'apporter à son
système administratif des modifications qui sont
quelquefois onéreuses à un certain nombre d'individus; mais cette faculté prend tous les carac-
tères du despotisme et de la tyrannie, lorsqu'elle
méconnaît le principe sacré d'une compensation
indispensable. L'intérêt général se compose de
tous les intérêts individuels, et la mesure qui
porte atteinte aujourd'hui à l'un de ces intérêts,
peut renverser demain toutes les bases de l'édifice social.

La conservation des réglemens organiques de
la colonie était la clause absolue du contrat, qui
avait réuni les premiers habitans de Saint-Domingue à la France. C'est sous l'égide tutélaire de
ces lois locales, que le capitaliste, le négociant et
le laborieux colon concoururent simultanément
à multiplier tous les moyens nécessaires à la riche exploitation d'une terre, dont ils devaient la

possession à la valeur de leurs ancêtres. Deux
cents ans de prospérité et l'état pacifique de la
colonie pendant ce laps de tems, attestaient la
bonté de son régime intérieur ; mais les réfor-
mateurs de 1793, se croyant *plus éclairés sans
doute sur nos véritables intérêts*, prétendirent,
dans un de ces momens lucides qui n'appartien-
nent qu'à la philosophie, que l'existence des colonies n'était qu'un abus d'autant plus facile à
détruire, que les productions de leur sol pouvaient se remplacer par celles des rafineries d'Or-
léans, et la liberté des Noirs fut la conséquence
immédiate de cette ridicule opinion. Il était dif-
ficile d'être plus généreux aux dépends de la fortune d'autrui. C'est ainsi qu'une mesure libérale
dans son principe, devenait arbitraire et tyran-
nique par le vice de son application ; car si l'humanité nous faisait un devoir de briser les liens
de l'esclavage, la justice nous commandait im-
pérativement le respect pour la propriété ; il fallait donc remplir rigoureusement ces deux obligations inséparables, en stipulant les indemnités
qu'on devait aux colons, dans le même moment
où on accordait des droits politiques à leurs
esclaves. Ce moyen conciliait tous les principes
et tous les intérêts.

Mais la liberté des Noirs n'était que le motif
apparent de ces subversions coloniales ; il s'a-

gissait d'écraser sous des ruines cette opulente aristocratie, qui avait trop d'intérêt à conserver l'ordre établi, et sous ce rapport la spoliation devenait un acte de justice.

C'est ce système affreux que les continuateurs des Brissot et des Robespierre défendent encore aujourd'hui, et qu'ils voudraient opposer aux prétentions bien légitimes des infortunés habitans de Saint-Domingue. Cependant, lorsque le champ d'un citoyen devient nécessaire à la confection d'un établissement public, le premier soin d'une administration paternelle est de faire procéder à son estimation, afin d'établir scrupuleusement les indemnités équivalentes au sacrifice qu'elle exige. Cette règle administrative, en déterminant les limites du pouvoir sur la propriété, devient une garantie inviolable pour le faible qui ne doit jamais l'invoquer en vain.

Telle est cependant l'hypothèse dans laquelle se trouvent aujourd'hui les colons de Saint-Domingue. On a disposé de leur propriété au nom de la morale et de l'intérêt public; la liberté des Noirs a été proclamée par cette même métropole, qui pendant deux cents ans avait autorisé la traite et avait reconnu la servitude comme un principe essentiel à l'existence de ses colonies: il lui convient de tarir en un instant cette source inépuisable de richesses, fruit de tant de sacri-

fices, de tant de travaux, et cette infraction ma-
nifeste à tous les contrats, à toutes les lois et à
toutes les garanties, est commise dans le siècle
des lumières et de la philosophie, sans qu'une
seule voix se soit fait entendre en faveur des victimes que l'on dépouillait.

On chercherait en vain, dans les annales des
gouvernemens réguliers, un exemple d'une usurpation aussi révoltante ; ce droit de la violence
semblerait n'appartenir qu'aux sultans de l'Asie,
qui disposent à leur gré de la fortune et de la vie
de leurs malheureux sujets.

Toutefois, en déplorant ces excès du pouvoir
qui ont réduit quarante mille familles françaises
à la misère la plus accablante, il est consolant
d'avoir à payer à la loyauté d'un gouvernement
étranger, le juste tribut de reconnaissance que
lui doivent les colons de Saint-Domingue.

Les armées anglaises occupèrent temporaire-
ment la partie de l'Ouest depuis 1793 jusqu'en
1798.

Les pertes qu'elles éprouvèrent pendant ce laps
de tems, les avaient forcées à recruter parmi les
Noirs des établissemens qui se trouvaient dans
la circonscription du territoire occupé par elles.
Un grand nombre de ces habitations désertées
par les propriétaires avaient été administrées par
une commission spéciale, et les fonds provenant

des produits de leurs cultures avaient été versés dans les caisses de l'armée britannique.

Des ennemis moins généreux que les Anglais auraient considéré ces contributions éventuelles, comme des résultats inévitables de l'état de guerre dont tout le poids doit être supporté par les vaincus ; ils auraient opposé au principe d'une restitution équitable ces déchéances et ces prescriptions, source impure de fiscalité et de mauvaise foi : mais l'Angleterre, où nous allons chercher des modèles de politique et de législation, devait encore nous offrir celui d'une moralité et d'une grandeur d'ame peu imitées de ses voisins.

Tous les colons, dont les Nègres avaient été enrôlés dans les régimens anglais, et ceux dont les revenus avaient été sequestrés par la commission spéciale, ont été invités à présenter leurs titres de créance, afin d'en être remboursés intégralement, et cette mesure dictée par la justice et la genérosité, s'exécute en 1821, avec tous les égards qu'on doit au malheur.

Quel contraste offre cependant cette nob' conduite d'un gouvernement étranger, avec celle d'une métropole qui, après avoir joui, pendant 200 ans, de tous les avantages d'un commerce immense et de la plus riche exploitation du monde, dispose arbitrairement des propriétés de ses colons, et ne leur donne pour toute compensation, que de faibles secours qu'ils ne peuvent recevoir qu'en justifiant de leur déplorable indigence! Il est pénible, sans doute, pour des Français, d'avoir à faire de semblables rapprochemens ; mais lorsqu'après trente années d'une adversité sans exemple, les colons de Saint-Domingue se voient encore menacés d'une expropriation territoriale, en faveur de ces mêmes Africains qui ont si cruellement abusé de la liberté, il leur est impossible de ne pas déchirer le voile qui couvre tant d'iniquités.

En 93, la France, en donnant la liberté aux Noirs, voulut sans doute manifester sa grandeur et sa générosité à leur égard ; mais elle se montra injuste et spoliatrice envers les colons français : elle commit un stellionat politique en cédant à un tiers des propriétés qui ne lui appartenaient pas.

L'abolition inopinée du droit de servage fut la source de toutes les calamités ; elle porta non-seulement un coup mortel à la marine et au commerce de France, sans adoucir le sort des cultivateurs noirs, qui devinrent esclaves de leurs semblables ; mais elle mit en péril l'existence des colons, et fit écrouler, en un instant, l'édifice majestueux élevé par leur industrie et leur infatigable activité.

Que reste-t-il aujourd'hui de cette mesure désastreuse ? L'horrible tableau des ravages qu'elle a occasionnés.

Les pertes qu'à fait éprouver aux planteurs de Saint-Domingue le fatal décret de 93 sont incalculables ; elles pourraient être évaluées approximativement à cinq cents millions, sous le rapport seulement de la valeur moyenne des ateliers de culture. Il est de fait que le nombre des cultivateurs noirs s'élevait en 1793, à 500,000 individus, dont le prix moyen était de mille francs l'un portant l'autre ; ce calcul approximatif donnerait déjà en premier aperçu une perte réelle de 5,000,000 auxquels il faudrait ajouter la ruine, presque totale, des établissemens et des mobiliers, résultat infaillible de cette loi créée dans toute l'effervescence révolutionnaire, et dont les ravages sous ce second rapport sont au moins de cinq cent quatre-vingts millions.

Ainsi donc l'affranchissement des Noirs à coûté un milliard quatre-vingt millions à la France, qui s'est constituée débitrice de cette somme envers les colons, par le seul fait de cette mesure arbitraire ; car, lorsqu'elle disposait ainsi de la fortune de plus de trois cent mille Français, ce ne pouvait être qu'avec la condition tacite de stipuler plus tard des indemnités, proportionnées à l'importance du sacrifice qu'elle exigeait.

En acquittant cette dette sacrée, la France

de 1821 réparera une injustice révoltante ; elle effacera la honte d'une spoliation sans exemple ; elle mettra, enfin, un terme à ces grandes infortunes, dont la prolongation porterait un coup funeste à sa prospérité intérieure et détruirait la confiance qu'on doit avoir dans la foi de ses engagemens. Conçoit-on que des législateurs qui en 1793 proclamaient hautement les principes de justice, qui promettaient à leurs commettans la répartition équitable des charges publiques, qui invoquaient dans tous leurs discours le respect pour les personnes et les propriétés, conçoit-on, dis-je, que ces hommes par *excellence* aient porté une atteinte aussi coupable à ces mêmes droits, dont ils se déclaraient les defenseurs ? C'était à l'expérience qu'il fallait confier le soin de diriger les vues bienfaisantes d'une nouvelle législation coloniale.

La possession de fait par les Nègres n'étant que la conséquence de la liberté qu'on leur a donnée, elle implique nécessairement l'obligation d'accorder aux colons une indemnité proportionnée à la perte qu'ils ont éprouvée, ou la réintégration dans les droits qu'ils avaient en 1789.

Toute transaction, tout traité qui n'aurait point pour base ce principe de justice distributive, ne serait qu'un acte de spoliation : il déverserait sur le gouvernement français une honte ineffaçable. Mais, dira-t-on, la France est obérée par les charges qu'elle s'est imposée, par les sacrifices qu'elle est obligée de faire : est-ce une raison pour qu'une portion considérable de ses enfans ne soit point compris dans le partage de ses largesses, et dans l'amortissement de sa dette publique? Se croit-elle dégagée de toute obligation, parce qu'elle donne des secours humilians à des hommes qui l'ont enrichie de leurs labeurs et dont elle regrettera bientôt l'infatigable activité? Nul doute que la France ne peut exister encore long-tems dans cet état de torpeur et d'inertie commerciale, dont elle se dissimule le danger dans la chaleur de ses tracasseries domestiques, par le mouvement rapide de ses fonds publics et par l'énormité de ses contributions. Mais lorsque, revenues à son état naturel, elle éprouvera l'impérieux besoin d'une impulsion nouvelle ; lorsqu'elle sera forcée de renoncer à ces ressources précaires et factices pour en créer au-dehors de plus solides et de plus réelles, elle cherchera vainement sous les ruines de ses malheureuses colonies, naguère si florissantes, les élémens précieux de sa prospérité et de sa grandeur passées.

En jetant un coup-d'œil sur l'avenir, il est affligeant d'y apercevoir les résultats inévitables de cette impéritie qui, depuis 1814, semble présider à toutes les mesures coloniales : mais encore faut-il signaler le danger de ces mesures désastreuses et s'élever contre leur injustice. On assure qu'une transaction avec les Nègres doit incessamment décider du sort de Saint-Domingue. Il nous paraît impossible de croire qu'on osât traiter cette grande question, sans appeler les colons propriétaires à défendre leurs droits, et sans inviter le commerce à discuter ses intérêts. On n'abandonnerait pas aussi légèrement à l'esprit systématique de quelques personnes, la destinée de trente mille propriétaires et les espérances de vingt-neuf millions de Français. Lorsque le gouvernement révolutionnaire de 93 donna la liberté aux Nègres, il avait au moins le motif *de ses principes d'humanité*. Mais aujourd'hui rien ne pourrait justifier une expropriation territoriale définitive, contre laquelle s'élèvent à la fois la justice et la dignité royale, le droit sacré de propriété, la sécurité des possessions européennes dans les Antilles, l'intérêt et la tranquilité intérieure de la France.

S'il était possible que le gouvernement, dirigé par une politique timide qui lui exagérât les difficultés d'une nouvelle entreprise, voulût borner son ambition à des relations commerciales avec les rebelles de Saint-Domingue ; s'il pouvait sacrifier toutes ses espérances et tous les avantages à venir à des promesses fallacieuses, il en serait bien le maître; mais la question est de savoir s'il a l'étrange faculté de disposer d'un sol, qui est incontestablement la propriété de ses sujets, sans stipuler encore des compensations équivalentes à la valeur réelle de ces terres, estimées en 1788, quatre milliards? Cette nouvelle transaction réunie à la faveur de la liberté donnée en 93 aux Noirs, causerait à la colonie une perte de cinq milliards quatre-vingts millions, dont la France devrait au moins assurer le seizième consolidé en rentes sur l'État, aux colons de Saint-Domingue, avant de consommer l'acte d'une spoliation aussi révoltante, sauf ensuite à prendre avec les nouveaux possesseurs, des arrangemens pour la rentrée du capital de cette rente, et pour la ratification de leur indépendance.

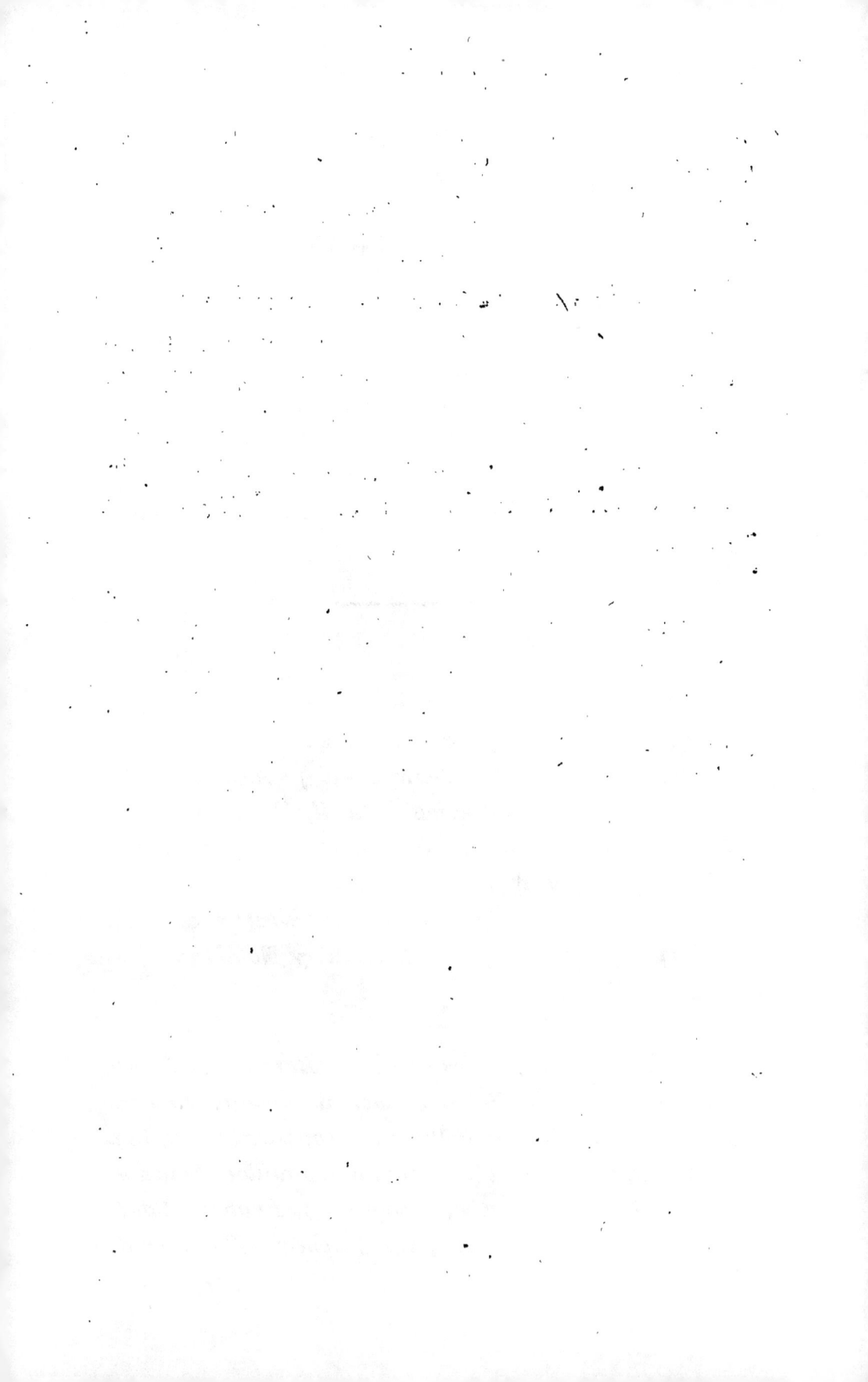

LISTE
DES COLONS PROPRIÉTAIRES
A SAINT-DOMINGUE,

Réfugiés en France, qui ont souscrit au présent Mémoire, ou qui ont donné leur adhésion à tous les actes qui seraient faits dans leur intérêt, lors de la réunion des Colons, qui eut lieu à Paris, le 15 Octobre 1819, de laquelle réunion M^r. le Comte DE LÉAUMONT était Président, M^r. le Marquis DE SOURDIS, vice-Président, et MM. le Chevalier DE GUILLERMEIN, CLAUSSON, CHARIER DE BELLEVUE, DUBUISSON, Secrétaires.

~~~~~~~~~~~~~~~~~~~~~~~

A

Anglade (Auguste d'). *Abeille*, aîné. *Abeille*, jeune. *Auvrai la Prêtre. Anglebermes* (d'). *Armand*, fils. *Auzias. Angely* (Guillaume). *Auvilly* (Pierre). *Arles*, aîné. *Armaillé* (vicomte d'). *Aubusson* (comte d'). *Alesme* (marquis d'). *Acquart. Anglade* (veuve d'). *Arjuzon* (comte d'). *Armaillé*, née *de Levrat* (comtes. d'). *Adhémar* (marquis d'). *Allotte. Aubry Nombret.*

B

Brosses de Beaumont (vicomte de). *Barbier de Sainte Marie. Baude de la Bretaiche. Beaubœuf. Breban. Buctrey. Bussière de Bellevue. Beaussier* (Louis de). *Budan de Boislaurent* (chevalier de). *Batillot. Bourdon de la Millière. Brechot. Bourdens. Boubée. Boué. Begayer de Chamboureau*, née *Micheau. Bourdier de*

4

Beaurégard. Brancas (duc de). *Broglie* (François, comte de). *Boissard* (Auguste). *Beaujeu* (comte de). *Bertrand. Blamet. Blot. Bartus. Bourgeois*, née *Laurois. Barbé. Bullet. Bureau Geslain. Berhere*, née *Lanon. Bonniot* (Alexis). *Burgalat d'Aspect. Benneteau* (Aimée). *Beudiere. Boutault de Russy. Brondeau* (comte de). *Berniaud. Bacon de la Chevalerie. Belzún*, née *de Broglie. Boisdabert* (chevalier de). *Bouillé* (comte de). *Breton. Barral* (chevalier de). *Bouteiller. Bourjoly. Brancas de Sinety. Boisjouant* (comte de). *Bouyer. Bourget. Bourdat*, née *Sallenave. Boulanger. Boudrie. Beaumont* (Comte Adrien de). *Burel. Bastard. Barneaud. Boynes* (comte de). *Bailly de Cresset. Bouchereau. Beauvalon. Boyer. Boutaud. Berniaud. Budau. Bichebois. Brurre de Monvault. Boisdabert* (vicomte de). *Boivenet. Bonnay. Bourget. Bleun-Larcherie. Burmont* (de).

C

Clausson. Coustard (chevalier de), *Coüesbouc* (comte de). *Campagnon*, jeune. *Cruzeau* (veuve). *Charrier de Bellevue. Chalumeau* (Benjamin). *Conradin de Flamares, Cosson* (Alex. de). *Coquet* (vicomte de). *Choiseul Beaupré* (comte de). *Courréjolles. Colon* (veuve). *Champarmois* (de). *Chardin. Causans* (marq. de). *Caillau-Lafontaine. Chastenet*, née *Cornié. Chandenier* (L. de). *Comblat. Caillaba*, née *Lartigue. Collin Dupotet. Chevrel, Châteauneuf. Cabasson. Carbrouet. Changy*, née *de la Maison Fort* ,comtesse d'). *Chavigny* (P. de). *Cougnacq. Comte. Cantaux. Chaumouroux* (née *Destanger*). *Compère* jeune. *Chastenet* (de). *Curot. Cavalée. Camoin de Vence. Coutures* (chevalier de). *Coma* fils. *Chaumont. Carrère de Salles. Catalan. Colette. Choiseul Meuze* (comte

de). *Caze de La Bove* (comte de). *Le Cousté Crevel. Cau-*
sans (comte de). *Crevon. Chancerel de Monfallard.*
Ciban (chevalier de). *Castaing. Clément. Collasson.*
Closet (de). *Courrèges. Chirac. Cornillon. Calvimont*
de Tayac (marquis de). *Cavard. Chambellan. Colarey.*
Cheretz. Carrère. Cauville. Clavaud. Chaussac (vicomte
de). *Cremille* (chevalier de). *Cuctre.*

D

Deneux (A. de). *Dubuisson de la Forest. Dubuisson de la*
Rigodelle. Doumet de Siblas (marquise de). *Duhamel,* née
de Pacoy, (vicomtesse de). *Descuret. Duval Sanadon.*
Dequevaulliers. Duvivier. Dureau (Éléonore). *Dorlie.*
Dagneaux. Duchaffault, née *Macnemara* (comtesse de).
Drouin de Bercy. Duclos (Achilles-Amidieu). *Du Buc*
de Saint-Olympe. Despietieres (chevalier). *David. Du*
Reau. Du Bouays (chevalier de). *De Bordes-Sarradas.*
Dufour. Dufouré d'Anteil. Duvignaud. Daudré. Du-
coudray de la Morandière. Digneron. Drouillard. De
Grasse de Grochan. Delamoissonière. Douat. Devau.
Dubuc, née *Le Gout. Delapomerie,* née *Nepveu de*
Bellefille. Decupper (Jacqueline). *Du Tour,* née *Sau-*
vage (comtesse). *Dieul. Dupenié,* née *Dubrueilh. Du-*
rand. Dufort. Deschamps Vallière. Davezac de Castera.
Doret. Dutoya. Delamotte-Vauvert. Debec. Davaux.
Despallier. Dupan. Dumaine. Delarue. Dupalys, née
Maillard. Didiot. Delamoissonière. Desmazis. Des-
lincour. Diet. Darribayer. Delafay. Destremz (Auguste).
Du Lau d'Allemans (Auguste, comte de). *Domingo,* née
Croizad. Denis de St.-Just. Daniel Guibert. Danglade
aîné. *Descombes. Dufresne,* née *Mogueron. Doros*
(Dorothée). *Delabarre. Dumois* jeune.

E

Espinasse Eyraques. (marquis d'). *Espinose* (d'). *Espinassy. Euzierre*, aîné.

F

Foucault. Fortin, née *Fournier* (veuve). *Fresseneaud. Fouinet. Forge Pennetier. Fressinaud.* (veuve). *Fouquerre Duvau. Foudensan* (Fanny). *Fontenille* (marquis de). *Fougerai* (baron de). *Fournier de Bellevue* (marquis de). *Fredureau de Villedrouin. Fabry. Favora. Foache. Foache* (Martin). *Frontin. Farouilh,* née *Faugas* (veuve).

G

Guillermin (chevalier de). *Greffin. Géraud. Généres. Grandier,* née *Solon* (veuve). *Généres* (Louis-Denis). *Gabriac* (marquis de). *Gouy d'Arscy,* née *Bayeux* (marquise de). *Gand de St.-Ruffine. Godefroy* (Georges). *Gourgues* (C. de). *Girault,* père. *Gomer* (François, comte de). *Girault* (Pierre). *Guenyveau de la Reye. Gasnier,* née *Chambon* (veuve). *Goujaud. Gaignoux. Goubert Guillemont,* née *Desapt. Gaignard* (veuve de Jacq.-René). *Gaurens. Grémouville Larchant* (baron de). *Guichard Robon. Gradis* et fils. *Galiffet* (comte de). *Gervais Videt. Geaye. Guilleraques* (Auget, comte de). *Girard. Godet. Gondin. Gilbert. Guilhou. Guilloteaux Gouin. Grandmay. Grasse* (comte de). *Grasse* (comtesse douairière de). *Gondret.*

H

Hanache (comte d'). *Haller d'Hallet* (comte de). *Haller d'Hallet* (vicomte de). *Hamelin. Hamon de Vaujoyeux. Hélie. Herbinghem* (chevalier d'). *Hérard.*

J

Jouette (chevalier de). *Jouon. Irison.*

K

Kooke (chevalier). *Kercado* (comte de). *Kerguz* (Atha-
nais de).

L

Léaumont (comte de). *Léaumont* (vicomte de). *Léaumont*
Puygaillard (chev. de). *Loynes*(de). *Le Feron. La Gorée.*
Landais. La Feuillade (marquis de). *Lecoastre Crevel.*
Lacombe (Alex. de). *La Ferronnays* (marquis de).
Lemat. Le Breton de Villandry. La Plaigne (de). *Le*
Roux. Laval. Lelong. Lolan. Lemaire. Lamoureux (de).
Labarriere (Victor de). *Lemesle. Lostanges*, née de
Rouveray (comtesse de). *Lacombe de Bellegarde. La*
Franque. Le Clavier Dulou. La Porte de Caussade.
Laborde. Lannes. Larderet. Laffitte. Lamartellière (Louis
de). *La Louvière d'Exea* (marquis de). *Leclerc*, née
Destanger. La Chassaigne frères. *La Fond de Ladebat*
(chevalier de). *Lasserre. Luc Caubere. Lang*, née *Dumas.*
Latour, née *Polastron* (comtesse de). *Laugardière*
(chevalier de). *Lyonne* (comte de). *Le Rebours. Le Prêtre.*
La Tour (de). *Labuissonnière* (chevalier de). *Lahaye* (de).
La Rochejacquelin (comte Auguste de). *Lévis* (duc de).
Latulay (comte de). *Landort* (comtesse de). *Lamarque*
Marca. Lézéret (Augustin de). *Laguchay* aîné. *Leplay*,
née *Lachapelle. Lebonnetier*, née *Budan. Lebrument de*
Preville. Laporte de Caussade. Larrondé (Anne Jeanne
veuve). *Lavigeris. Lauzac. Labrierre de Ferrabouc.*
Laban. Le Franc de St.-Haulde. Lezat. Le Cointre.
Loret. Lestrade (chevalier de). *Levalois. La Cassagne*,

née *Chassard. Le Grand. Lefevre. Lusgen* (veuve). *Le Toudal. La Tour* (G. de). *Lostange* (comtesse de). *Lardillier. Laborde* (comte de).

M

Montullé (baron de). *Merceron. Manrigny*, née *de Secillon* (comtesse de). *Montleart* (comte de). *Mannancourt*, née *de la Chauvetière. Magnan*, née *de Jouette* (veuve). *Milhau*, née *Grenon* , (veuve). *Millet. Maissemy* (baron de). *Magallon* (comtesse de). *Maulde* (comte de). *Moutex St.-Denis*, née *Gornail.* Michel *Grand. Marchand. Mauduit* (Joseph). *Mosneron. Monet*, née *Mallet. Moret-Nion. Monneron. Monchinet. Moussac*, née *de Candi. Monbail* (marquis de). *Mezsiez Guilloux. Mussey* (chevalier de). *Monville* (de). *Meremont. Mesnard* (l'abbé de). *Montbront* (marquis de). *Maulevrier*, née *Lecomte. Marguerites* (baron de). *Meynardie* (de). *Morin. Masserano* (prince de). *Michel. Marcet. Martigny*, née *Joubert. Michel. Martin. Moulive. Muzard. Massey. Monford* , née *Rimbert. Maulevrieu* (Victoire de). *Marcel*, aîné. *Montaulard.*

N

Néel (Guillauden comtesse de). *Nard* (comte de). *Nartues. Nogerée* (chevalier de). *Noblet Lemoine. Nouchet Dumaine. Naulin* jeune. *Nolivos* (vicomtesse). *Nazon de Noloze* (chevalier de).

O

Ornezan de Cauterac (baron de). *Osmond* (marquis d'). *Osmond* (vicomte d').

P

Paulmier (Victor). *Perrault* fils aîné. *Pinet*, née *Lafon. Pontchevron* (de) *Pellegri. Petigac Lamalette. Poitou.*

Podensan. Peragollo. Pradine (Camille de). *Picault Graslin. Pelegri. Patu de Rosemont. Portail* (comte de). *Picault* (de). *Pemerle. Pajot* (le général). *Parade. Penquer* (*Jehannot* de). *Peret* (de). *Petit* (frères). *Petit*, née *Lemau de Labarre. Perès*, née *Casenave. Pavret*, aîné. *Plunket. Poineau. Pourtauborde. Paroy. Paroy*, fils. *Pesnèau*, née *Sondin. Puilboreau* (chev. de). *Pigault de Lépinoy. Pusterle* (de).

R

Roussy (chevalier de). *Rey. Réverdi. Reynaud. Robillard* (veuve). *Rouveray. Reynaud de Barbarin. Rousseau. Rohan* (Charles, prince de). *Ramonet. Robineau. Pigault de Genouilly*, née *Mithon. Robert de Régoulene. Raboteau. Rivière* (comtesse de). *Rourke* (O). *Rousseaux*, née *Bachelier. Rollin*, née *Devisses. Renaud. Royer. Robillard. Robert.*

S

Sourdis (marquis de). *Selong* (Charles). *St.-Macary. Seignoret de Villiers. Saint Poncy* (marquis de). *Simonnet. Sibert*, née *de Bercy* (comtesse de). *Saint Haulde. Soissons. Ste. Marie* (marquis de). *St. Phalle*, née *De Boynes*, (comtesse de). *Sermet de Grandmaison. St. Preux. Sarrat. Sillegue* (chevalier de). *Saumecy* (marquis de). *Salmon* née *Boutault* (comtesse de). *Sermet* (baron de). *Sercey* (marquis de). *Saintard-Bequigny* (de). *Schiell* (ô). *Schiell* (chevalier ô). *Segur-Boirac* (comte de). *Ségur-Bouzey* (marquis de). *Savariau. Sallier Dupin* (J. de). *St.-Paul Lachitte. Sartres. Sudre. Sanclière. Sarrat. Samoël. St.-Martin Labastide. Savin Bachelier. Séjournet. Sauvage* (marquis de) *St.-Germain.*

T

Tourturel. Tully (baronne de). *Thevenaud. Talieyrand* (comte de). *Theil. Teillère* (Élise). *Trochon. Tournade de Ste. Colombe. Turbé* (Célestin). *Trécourt. Tousard d'Olbec. Tabari* (vicomte de). *Tussac* (chevalier de). *Taillandier. Tiéchard. Tauzin. Toirac* (Alph. de). *Trouillot.*

V

Vignier (A. de). *Wissel. Villeblanche* (comte de). *Vallée de la Frenais. Vente de Francmesnil* (chevalier de). *Virieu* (comtesse de). *Vaudreuil* (comte de). *Voituret. Viaud. Vallat. Turel* (de). *Verchere d'Availly. Vigoureux. Vezins* (marquis de). *Verteuil* (baronne de). *Verneuil* (chevalier de). *Vauguerin* (veuve de). *Vercheri d'Avally. Villiers l'Isle Adam. Valadon. Wiremont. Vangermez,* née *Lacombe. Viart, née de Kater.*

Y

Yvendorf (baron de).

Z

Zylof, née *Du Portal* (douairière de).

IMPRIMERIE DE DONDEY-DUPRÉ,

Rue St.-Louis, au Marais, N°. 46.